Cosa farei per amore

Poesie dalla voce di Mary Wollstonecraft

Cosa farei per amore

POESIE DALLA VOCE DI

Mary Wollstonecraft

DI

Grace Cavalieri

TRADUZIONE DI

Sabine Pascarelli

THE BUNNY & THE CROCODILE PRESS
FOREST WOODS MEDIA PRODUCTIONS

Cosa farei per amore: Poesie dalla voce di Mary Wollstonecraft

Copyright © 2013 Grace Cavalieri

Tutti i diritti riservati

In copertina: Mary K. Connelly, *Backstairs*, 2009, olio su pannello, 30 x 23 cm.

Idea grafica e design copertina: Janice Olson

The Bunny and the Crocodile Press
Washington, D.C.

LCCN: 2012916687

ISBN: 978-0-938572-59-6

Dedicato alle nostre famiglie

INDICE

Introduzione	9
A M. Talleyrand-Perigord	13
Accetto un sentiero con segni strani	14
Liza ed Everina	15
Posso pensare a cose molto peggiori	16
Appunti su donne che ho conosciuto	17
Caro Reverendo Clare	18
Una gita a Bath, 1778	19
Perché Dio non nota così tanti di noi?	20
Appunti di diario I	21
Da quando mia madre è morta	22
Liza, per favore ascoltami, partiamo stasera	23
Vorrei avere un cappello	24
Lady Kingsborough mi odia	25
Appunti di diario II	27
Ho paura di essere una donna importante?	29
Pastore Clare	30
Benvenuti a Newington Green	31
Guardate, Signori, chi è arrivata	32
Mr. Johnson	33
È mattino	34
Caro Mr. Burke	35

Appunti di diario III   37
    Caro Sig. Fuseli   38
    Il mondo è un libro   39
    Richard Price   40
    È luna piena in autunno   41
    Ogni giorno sono in confidenza
       con Vostro marito   42
    Il mio corpo è in fuga dai miei sentimenti   43

Appunti di diario IV   45
    Quanto mi irriti, Gilbert   46
    Udito per caso   48
    Baccalà morto al sole   50
    Liza viene in visita oggi   51

Appunti di diario V   53
    Sono indegna del mio passato   54
    Sogno di una notte di mezza estate   55
    Al mio amico William Blake   56

Appunti di diario VI   57
    Ti ho dato il mio lavoro, Gilbert   58
    In Svezia   59
    Gli emigrati   60
    Verso la Francia   61
    Ritorno alla casa   62
    Ho preso il tuo nome e ho avuto
       il tuo bambino   63
    Questo è tutto ciò che non volevo sentire   64
    Anche la morte non mi vuole   65
    Fingerò di essere un'altra   66
    Grazie del tuo ultimo messaggio   67

Appunti di diario VII   69

   Mr. Imlay   70
   Everina   71
   D'interesse per il mio precedente amante   72
   Liza   73
   William, non mi tieni minimamente
      in conto   74
   Un biglietto sul tavolo a colazione   75
   Sorelle e Newington Green, accettate
      le mie scuse   76
   Ti amo, Mr. Godwin   77
   Dei nostri piani di matrimonio   78

Appunti di diario VIII   79

   William   80
   La chiamano febbre delle puerpere   81
   La giraffa ama fiori   82
   I temperamenti   83
   Per William Godwin   84

Biografie   87

INTRODUZIONE

Penso alla vita di Mary Wollstonecraft negli anni del 1770. Come deve essere stato per lei, figlia di un contadino fallito, di aver conosciuto la gioia del leggere e l'emozione di un apprendimento astratto in giovane età? Questo in un mondo, che considerava leggere un lusso che doveva giustamente appartenere agli uomini in quanto maschi delle classi superiori. Mi chiedo, che cosa le permise di andare avanti con decisione, come poteva resistere alle contrarietà che la circondavano, alle punizioni e alle disapprovazioni. Poteva immaginare il disprezzo delle stesse donne per lo sforzo di elevarle in una società, che legalmente le considerava schiave? Che lei era donna disturbava molto e andava contro tutti i costumi sociali. Non solo esprimeva le sue opinioni, credenze e principi, ma osava anche pubblicarli. La derisero per non sottomettersi ai dettami sociali. La chiamarono "iena in sottogonne".

Da adulta, dopo aver provato e rifiutato il ruolo di tata, Mary si trasferì a Londra dove si mise a lavorare su una prosa fortemente polemica, mai sentita prima da una donna. Era un evento sbalorditivo. Mi chiedo, se il reverendo Clare, il pastore del suo vicinato, si rendesse conto che insegnandole a leggere la metteva su una strada che l'avrebbe portata a una vita di interminabili conflitti. Non poteva aver previsto il risultato del suo desiderio di stare spalla a spalla con gli intellettuali maschi del suo tempo, il desiderio di essere intellettualmente riconosciuta e di ricevere l'amore e l'amicizia che desiderava dagli uomini che incontrò nel mondo accecante dei letterati.

Mi piace pensare a lei a Londra, dove iniziò la sua carriera da scrittrice. L'editore Joseph Johnson la introdusse in un circolo di menti radicali e dissenzienti di spicco dell'epoca. Diventò amica di filosofi e scrittori politici di allora, come William Blake e Thomas Paine. Era particolarmente interessata agli scritti sulla Rivoluzione Francese.

Mi piace pensare a lei in quel salone, donna singolare che discute i fatti del giorno con l'elite intellettuale. Ci possiamo solo immaginare quanto i suoi avversari si compiacessero a sfidarla. Mary minacciava il tessuto della società e l'equilibrio dei sessi che da secoli era inalterato.

La lettera "A M. Talleyrand-Perigord" è scritta con le parole originali di Mary Wollstonecraft. Le altre poesie dipendono interamente dalla mia immaginazione.

Vorrei ringraziare la traduttrice Sabine Pascarelli che ha chiarificato questo libro per me mentre scorreva ogni sillaba per accuratezza e bellezza. E poiché lei è poeta, adesso quest'opera è poesia italiana.

Un grazie anche a Salvatore Pascarelli e Noreen Flocchini per le loro doti editoriali, per la loro pazienza e il loro tempo speso nella magnifica avventura di Mary attraversando i continenti.

La versione inglese di questo libro è stata pubblicata dall'editrice Jacaranda Press, San José, California, 2004.

~ *Grace Cavalieri*

Cosa farei per amore

Poesie dalla voce di Mary Wollstonecraft

A M. Talleyrand-Perigord

(Primo Vescovo di Autun)

Ho letto con grande piacere il Vostro trattato
La cui lettura mi ha fatto star bene. Vedrà che
La supplica è per il mio sesso, non per me stessa.
Ho considerato per molto tempo l'indipendenza
Come grande benedizione della vita, la base di ogni virtù,
E indipendenza otterrò,
Dovessi vivere in un'arida landa.
Mio Signore, *La Rivendicazione dei Diritti delle Donne*
La dedico a Voi.
Vogliate considerare l'argomento
E ponderare bene la questione
Che qui espongo
Rispettando i diritti della donna e l'educazione nazionale
Richiedo una risposta decisa dell'umanità.
Uno Statista della Vostra importanza, ne sono sicura,
Può riconoscere il mio spirito disinteressato
Perché parlo per tutte, non per me stessa, non per il proprio
    interesse.
Vorrei Signore, mettere in atto delle ricerche in Francia,
Cosicché, quando la Vostra costituzione sarà emendata, i Diritti
    della Donna
Possano essere rispettati perché GIUSTIZIA possa prevalere
Anche per l'altra metà della razza umana.

Con molto rispetto, Signore, sono a Vostra disposizione,

~ *Mary Wollstonecraft*

Accetto un sentiero con segni strani

La gente spazza via le mie impronte.
Sola per il tè oggi   poi la passeggiata   il cielo a forma di V
Il falco marrone verde luminoso sul piccione in campagna
Un campo di girasoli secchi,

Dio permette questa passeggiata, quindi, dimmi...
Quanto una persona dovrebbe essere ascoltata?
Quanto...

Così stretta la mia camera, così fresca l'aria fuori stasera,
Solo una finestra nel mezzo
Spirito che avverto come terrore – Amore agganciato all'odio –
Questi formano la mia apparenza.

Si schiuderà a un sapere che non vorrai sentire.

Ricordo una nera farfalla dai riflessi blu,
Pensai fosse un uccello.
Essere felice nonostante il dolore,
Questo è Dio. O magari il dolore è la via di Dio.
Perché senza la miseria non Lo conoscerei.

Liza ed Everina

Se è vero che noi tre siamo una, siete
Voi due quindi la parte di me che mi odia?
        Raccontando a nostro padre delle mie letture…

I fiori dentro di noi sono semi,
Memorizzo tutto quel che vive dietro ai miei occhi,
Rabbia per chi mi tradisce
Amore per tutto ciò che rimane
Chiamando i nomi

Finché non troverò uno che protegge l'anima.
Proviene da un cielo dentro di me
In attesa di qualcosa che può far crescere.

Avrò un mio posto per lavorare, per scrivere.
La stanza del mio sogno (Come grido nel sonno!)
È così piccola, posso accedere solo da uno spazio in terra.
(È il Cielo giusto un tunnel sotto il cortile?)

Padre,
Non importava cosa volevo, non Vi interessava,
Per quanto tentavo, non ascoltavate.
Dite che ho delle maniere stridenti, per una donna.
In casa mia ci sarà un uomo che non la penserà così.

Posso pensare a cose molto peggiori

Che fare la governante –
Dire "è così" e spingere i bambini
A farsi il bagno –
Ah sì, cose molto peggiori...
Come la prostituzione, per esempio,
O ricamare, pensandoci bene ...
Oppure sposare qualcuno che non amo.
E benché non abbia mai avuto il vaiolo
E una palpebra cada un po'
Non sono brutta.
Se mi manca il brio
È solo perché
La luce in questa stanza è così misera.
Pensa la gente che dovrei essere uno scoiattolo o un coniglio?
Al chiuso a rosicchiare rametti? Indegna del mio lavoro?
No, con un risparmio di dodici ghinee
Uno potrebbe avviare una propria scuola
O comprare un po' di rispetto di se stesso
O perfino dar inizio ad una dote.
Se devo lavorare per persone la cui
Fortuna non è stata fatta in questa vita,
Allora mi prenderò cura dolcemente di loro,
Riservando questa bella scrittura per la notte.

Appunti su donne che ho conosciuto

Mia madre, innanzitutto, ha uno sguardo pio diretto nel vuoto
Come se avesse preso il velo,
Guarda dall'altra parte quando mio padre mostra i suoi abomini,
I suoi sguardi ripugnanti, i suoi pugni. Egli calpesta i suoi istinti,
(Vedo che sto scrivendo più sulla collera di mio padre che non
      sulla sua resistenza.)

Eliza tentenna nel vento,
Dapprima insolente, ora paurosa, ha adattato la realtà alla sua causa,
La sua visione è un impegno errato, inesperto, seguito da un
      sorriso dipendente.
Ho già detto che aveva un attaccamento servile, dapprima festoso,
Ma poi finisce per essere una gentildonna (Liza, non moriresti
      piuttosto?)

Everina vive di missioni aggressive, suonando una nota vigorosa.
In scala, la confronterei con la donna nel villaggio vicino con la
      fama
Di mangiare dei piccoli animali domestici. Suppongo che direbbe
      "ho fatto ciò che ho fatto perché".
E lo crederesti. Sai, come i cavalli, prima dello start,
Dopo lo scudiscio, hanno un momento? Everina vive lì.

Fanny Blood,
Vorrei poter descrivere il suono che fa il cuore. Essere felice
      nonostante il dolore,
Tu sei l'unico ricordo felice che mi ha salvato dagli strani
      dogmatismi
Che mi privano del mio spirito. Se riesco a capire questo, mi dici,
Posso capire qualsiasi cosa.

Caro Reverendo Clare

Mi chiedete se la speranza mi fa alzare al mattino.
Dico di sì,
Non a casa Vostra, dove
Esiste tutto,
Ma nella mia
Dove tutto è perso.
Il chiavistello superiore supporta il peso della porta,
E così è vero che insegno a
Liza ed Everina tutto ciò che mi insegnate Voi.
Mi dite che il mio senso infantile del miracolo va insieme al
Dolore consapevole di un adulto,
E perché non dovrebbe essere così?
State parlando ad una ragazza con il lapis nascosto
Dentro una tazza rotta
In cima allo scaffale più alto
Macchiata da panna cagliata
E dietro una brocca di ceramica
Dove non può essere buttato via.

Una gita a Bath, 1778

Ogni sera porta le sue carte.
La vedova Dawson
Mi ha dove vuole,

Le faccio il bagno, leggo per lei,
Cosicché la vedova, incapace di amare,
Mai morirà (se gentilmente lo facesse,

Ma la fortuna non ha così buone ali
Che possono volare per te.)

La stravaganza la metteremo
Nella madia, così
Il tavolo sarà sgombro per la farina.

E nell'ora,
Se non indicato diversamente,
Farò le mie scelte che
Di notte bruciano esattamente come

La candela, la sua ineluttabile
Conclusione, le sue lotte,
La sua inevitabile

Responsabilità di rimanere luce.
Ogni terza domenica,
La mia mattinata libera,
Scendo

Giù dalla collina prima dell'alba, scrivo.

Perché Dio non nota così tanti di noi?

Mary,
Sicuramente la malvagia in te
Parlerà senza borbottare, così potrai sentire
Dove sbagli

Sotto il fresco lenzuolo della notte
In una stanza,
In una barca   Su un prato
Io sono sempre la peggior cosa viva.

Forse taglierò gli ormeggi, i verdi quadrati
Di cui è fatta l'Inghilterra.
Ma come? Vivo in un vivaio di betulle, fila dopo fila…
Domani smetterò di girare per casa depressa

Notte e giorno,
Non c'è motivo di essere ancora melanconica.
Tuttavia desidero essere ciò che voglio,
Essere preziosa per me stessa,
Vivere nel modo migliore che conosco,
Sentirmi altro che fiocchi e bottoni.

Tocco la mia mano e vedo le sue ossa, mani forti.
Capaci di lanciare una palla più alta di Ned Junior.
Non oserei dire che vorrei essere un uomo.
Non mi vedrai mai piangere.

Non in presenza di qualcuno, perlomeno.

Appunti di diario I

Nel passare del giorno
La mia professione è la fede.
Care figlie di sangue,
Domani porteremo una superficie di sole a
Questo giardino di elogio, dove sono sola, ad aspettarvi.

Da quando mia madre è morta

I miei capelli andavano *giù* invece di *su*.
Madre, mi chiamavate con rabbia,
Se Vi svegliassero urlando così
Il *Vostro* cuore non si fermerebbe per un momento?
Scrivendo per i non-nati e per quelli già morti
L'oscurità che creai in Voi adesso mi possiede.
Di tutti questi ricordi di Voi che mi strattonano,
Cosa devo farne?
Mi spaventa la titubante importanza della Vostra vita.
Non c'è rimasto evidenza del mio amore in Voi.
Il letto che sprofonda nel centro
Lamenta la Vostra assenza,
E quando, mentre passavate, la Vostra mano mi sfiorava
La faccia dolcemente,
Sapevo che non era la mia faccia che sentivate.

Liza, per favore ascoltami, partiamo stasera

Non è più una questione di percezione. *Adesso parliamo di fatti.*
Le tue visioni, le tue allucinazioni faranno
                       Morire la bambina
     Ti dimentichi di nutrirla,
Liza.
          La getterai dalla finestra?
Le tue morbose paure…le tue fantasie…
       Mordi la tua fede
A pezzi
Dici che la frutta ha bruciato la bocca del bebè.
Lui è alla porta. Affronterei più volentieri un leone.
                 La pappa è troppo leggera
Perché la possa inghiottire? E il tuo seno
È diventato oleandro nella sua bocca?
          Così andrai a finire nel manicomio di certo.
       La carrozza. Per favore.
Prima che lui ci scopra. La tua bambina non ti appartiene,
    Neanche questa sedia.   Sta bussando più forte adesso.
       O mio Dio, sei folle.
Quest'altra porta adesso.   Everina, aiuta.
   Liza! Lascia il bebè.   Mettilo giù. Ci ammazzerà tutte.

Ti posso portare, se devo.   Da qui possiamo uscire.

Vorrei avere un cappello

Un cappello così grande, che a vederlo la gente
Dirà "Sotto un cappello così raffinato
Deve pensare le cose giuste".

Lady K dice che scrivo di eroine, perché sono scialba…
"Una domestica presuntuosa che prende bambini
Abbandonati sotto la sua protezione e tutela."

Ho il permesso di pensare!
Questa è l'avanguardia dell'anima
E noi tutti abbiamo un'anima.
Il corpo si gestisce suo malgrado.
Ciò che rimane, è la mente.

Parole come ali mi assalgono. Cosa mai avrò bramato tanto
Da portarmi a una tale desolazione? Miagolo e mi lamento
Come un'affamata gatta grigia in una fredda gabbia nera.

Lady Kingsborough mi odia

per leggere il mio *Mary, Un Romanzo*
ad alta voce.
Diceva, che ero un topo in una grande casa
Che cerca di diventare un leone, mettendo
Le sue figlie contro di lei.

Oggi
Mi chiamava "Piccola amareggiata piccola arrabbiata piccola
        imbronciata …"
E diceva che non sarò mai chiamata "Signora".

Il mio scritto
Pensieri sull'Istruzione delle Figlie
La mandò in collera.
Posso ancora sentire il suo belare:
"Ma insomma. Una mente maschile, Mary?
Una governante con la mente d'un uomo?"
Diceva
Che uccidevo l'amore,
E indicò l'albero
Che il giardiniere aveva strangolato con la corda.
L'albero era troppo ingombrante, diceva. Si soffocava.
Leggevo *Storie Originali* alle bambine.
Come oso scrivere che i genitori
Devono educare i propri figli,
E non i servi.
      Venendo via
Mi sentivo in colpa per avere il cuore leggero.
Nessun altro da badare che me stessa.

Appunti di diario II

Un raggio di oscurità, un anello di capelli
Tutto vivo più che non
~
"Femminilità!" non "Femmina"
~
Guarda le figlie della casa
Aggrappate alla gamba della nutrice.
~
Il Padre sta in disparte
Come se non conoscesse i loro nomi.
~
Perché sono impaziente?
Anche gli uccelli volano dal bosco un po' alla volta
Da un albero al prossimo albero.
Li sento arrivare prima di vederli.
~
Così sarà con i miei libri.
~
I bambini hanno avuto il meglio di tutto
Cibo, vestiti e casa
Ma se nessuno crede in loro, la passione
Scompare.
~
E ora io dico, con affetto, che quando qualcuno
Porta il tesoro del loro pensiero nella nostra vita,
Non gli si può chiedere di più
Ci accontentiamo della bellezza così da non sprecare il dolore?
~

Lei, che non è stata fedele a se stessa,
Che non sapeva a chi sarebbe piaciuta,
LEI È MORTA.
Rientra nella storia senza qualcuno che tiene la porta.
Tocca un pensiero più grande.

Ho paura di essere una donna importante?

La paura della cecità è peggiore
Del fatto stesso.
Rousseau ci deride,
"Educate le donne, e più loro
Ci assomigliano, meno potere
Hanno su di noi".

Non è il potere su di loro che cerco, ma il potere su noi stesse!

Siamo come piccoli cetrioli
Fila dopo fila, luccicanti,
Pronti per essere tagliati, zuccherati, o cotti.

La vita morale è vedere
La raccolta! Nel togliere la buccia,
Sii il coltello! L'Io come fonte.
Londra. Con un proprio lavoro
In una casa con vecchi muri,
Mi alzo prima di molti uomini.
Scrivo. Tutto il giorno scrivo per altre persone.

Sono i nostri sogni che influenzano le nostre giornate, oppure
Le nostre giornate che influenzano i nostri sogni?
Vorrei qualcuno che mi aspetta.

Desidero ardentemente una tazza di tè.
La luce è sul muro.
Cade sul mio semplice letto di legno,
Sulla tenda grigia.

Insegna a te stessa come pensare, Mary!
Nessun altro lo farà per te.
Sii il coltello.

Pastore Clare

Figlio, Marito, Insegnante,
Come dovrei chiamarVi?
Precisi movimenti, più larghi della vita,

Mi insegnano chiarezza,
Come il presente assume il passato,
La nostra crescente comprensione di come sono fatte le parole.

Ceneri di complessi sistemi,

Perché vorremmo essere ascoltati,
Perché vorremmo
Argomentare,
Come ci colleghiamo con le menti di altre persone,

Quando Vi cascarono gli occhiali quel primo giorno,
Eravate chino su di me
E guardando una formica camminare sulla pagina,
Diceste "Mary, si tratta di vedere".
Poi scriveste un insieme di parole:
Largire Lumen Vespere

Addio, è più facile andare via che essere lasciati.

Con amore

Mary

Benvenuti a Newington Green

Grigi come topolini appena nati, vulnerabili ed insicuri,
Che temono il genere umano,
Vi prometto
Giovani allievi
Un esercizio di ragione
Espresso nella lingua del bene.
Non tormentatevi più
Come dovreste apparire
O cosa dovreste dire.
La prova del vostro essere è nel suo uso.
Il mondo vi odierà!
William Blake dice
"L'albero della conoscenza viene sciupato da uomini arrabbiati".
Conoscenza resa piacevole curerà i vostri malanni,
Adornerà il vostro Io interiore.
Vi sarà data buona fortuna, e nonostante
Nessuno possa insegnarvi la felicità, giuro
Che imparerete ad influenzare Dio come fanno altri.

Guardate, Signori, chi è arrivata

Posso sedere o resto in piedi?
Come vedete,
Questo salone mi agevola, come dobbiamo chiamarlo,
Il mio amante brioso? Amante riluttante?
Esaurito dalla sua libidine?
Grazie, mi siederò su
Questa sedia di velluto rosso
Vicinissimo al fuoco.

Dissipazione e frivolezza una volta sedevano in mia vece,
Qui senza gingilli o bambole.
Posso ben immaginare quanto tenete a modestia, temperanza,
Fiori dipinti, occhi abbassati.
Luigi XIV mi avrebbe amato,
Con tanto garbo, lui sapeva
Chi era.
Così è con me,
In una stanza diversa, dove brindo in un intrigo di menzogne.
Il bambino sta mangiando fango
Nella strada, fuori,
Il sangue si riversa in Francia
Mentre ne scrivete.
Dove ho già sentito questo suono:
Questo bavoso, spavaldo scimmione sdraiato ai miei piedi,
Sbavando nel suo malto, come dobbiamo chiamarlo,
L'arrossire della ragione? Che ci scalda? Come se io appartenessi?

Mr. Johnson

"Inusitata Gentilezza", così Vi chiamerò
E non "editore".
Mi dite che sono "la prima di un nuovo genere!"
Sto tremando per la sfida.
Non dobbiamo, per nessun motivo,
Informare mio fratello o mio padre,
Perché la derisione è sempre stata il consiglio più ostile.

I venti di ottobre soffiano su Londra, tuttavia
Odo solo le Vostre parole che mi incitano alla mia missione.
Devo essere indipendente!
Quando uno scrittore scrive
Le parole vengono prese dal lettore
Benché appartengano sempre allo scrittore.

Questo corpo

Involontario recipiente per lo spirito
Finalmente si colma
Del respiro della confidenza
Per merito Vostro.

La mia fortuna sta cambiando
Oggi ho battuto il dito del piede
E al dito rotto ho detto:
Grazie, vita. Sento qualcosa oltre al terrore.

Ho un corpo, una mente, un cuore.
Invito il mondo a posare la testa sul mio ventre e ascoltare.

È *mattino*

Nel mio sogno dimenticai di fare i documenti,
Sporcai il vestito col *porridge*.
Quando tornai, trovai questa piccola stanza
Affollata di persone.
Tutti gli uomini di Londra
Erano venuti per cena,
Troppi di loro nel vestibolo per poter passare.
Il bebè nelle mie braccia
Aveva capelli bianchi e chiese
Perché non fossi mai a casa per tenerla. L'uomo
Nella stanza accanto disse
Che camminava un'ora ogni giorno al lavoro.
Mi fermai prima di dire che camminavo di più.
Che cosa volevo fargli sentire?

Scrivendo *The Review*
Di solito ero sicura di ogni parola.
Adesso chiamo tutto con il nome sbagliato.

Il mio corpo
È un unico battito di cuore.
Non c'è niente fuori che abbia bisogno di me.

Caro Mr. Burke

Una volta seppi la risposta ad una domanda
E Voi mi diceste
Che non la sapevo,
E poiché siete il Lettore Supremo
Dissi no
E farfugliai,
Subito diventai insicura
Di ciò che sapevo,
Mai più, Mr. Burke.

Inoltre avete una cattiva influenza sulle lettrici femmine,
Le avete convinte che meschinità e debolezza
Siano l'essenza della bellezza,
Garbate, delicate, soavi creature
Che sibilano e vacillano nel loro cammino;
Non mi importa più di avere le ossa grosse.

Voglio un bicchiere d'acqua vicino al letto,
Un buon riposo notturno
E una quantità di fogli
Per dire al mondo che uomo brutto,
Orribile Voi siete.
E, a proposito, come osate
Giudicare le opinioni del Dott. Price.
Se Edmund Burke fosse vissuto ai tempi di Cristo,
Avrebbe inflitto la crocifissione a Dott. Price.

Dedico il mio scritto
The Vindication of the Rights of Man
All' Onorevole Edmund Burke.
La metà della specie umana possiede un'anima.
Sono io, Mr. Burke, Vostra nemica.

Appunti di diario III

Il decimo anello di Dante.
Una volta ho tradito me stessa
Così potevate accettarmi,
Non lasciamo però i nostri morti di nuovo sul vostro crudele
 campo di battaglia.

~

Ecco il **quasi!**
Ci svegliano gridando, ci fanno le fusa e ci piangono nel sonno.

~

Se la gente parla male di me ("lei è più uomo di"...) vivrò
In modo che nessuno crederà loro.
C'è una verità che si trova di là del dettaglio.
Mi dite che desidero più amore di quanto mi è utile.
Questo è un dettaglio.

~

Signora, non scrivo soltanto per farVi ricordare.
Mi vorreste raggomitolata sulla tomba di mia madre?
 Mandate questo domani ad A. con un fattorino!

~

Oh, conserva-storie. Dicevano che non potevo vedere ne parlare.
Ieri notte ho sognato che pulivo il mio occhio con la lingua.

~

Se non abbiamo scelta
Di amare o no,
Mangiamo cioccolato corretto
Con veleno.
Potresti anche essere qui. Il ricordo di te
È altrettanto brutto.

Caro Sig. Fuseli

Vi vorrei come un pittore di ritratti, un uomo ordinario
Che mi ritragga sorridente su uno sgabello di raso
Con una fruttiera di lucide pere.
Invece siete l'artista della turbolenza, non è vero?
E mi sveglio ogni giorno, chiedendomi
Chi è esattamente il soggetto dei Vostri sogni.
Mi sembra che avete assai più felicità
Di quanto Vi serva,
Seguendo i Vostri vani piaceri
Con poco riguardo per chi Vi serve meglio.
Perché avete dato una festa a casa mia
Senza invitarmi? Vi detti il permesso in amicizia.
Non sono i Vostri amanti maschi dei quali mi preoccupo,
Salvo nel mio salotto.
Forse dovrei chiedere alla Vostra amorevole moglie
Della chiave mancante.

Vostra amica

Mary

Il mondo è un libro

Scrivere un libro è leggere la mente di Dio.
Forse non Vi importa tanto di me,
Quanto di ciò che dico.
La parola recupera quello che altrimenti sarebbe perduto
E sopravvive il cuore.

Questi scritti escono dall'ombra e dalla nebbia
All'alba del giorno
Lasciatemi dire una cosa vera con questo inchiostro.

Non esprimerò più di quanto sento.
Il resto del libro è scritto velocemente.
Tenete questa pagina in mano, William Godwin.
È destinata a sollevare la Vostra umanità dalla morte.

Richard Price

Non è solo perché Siete il mio mentore
Che mi porta alla mia scrivania –
È lo sdegno per gli uomini
Che possiedono il novanta per cento d'Inghilterra
Ma niente desiderano cambiare per i poveri.
Perché infatti dovrebbero conoscere
L'ingiustizia o la povertà
Quando hanno provato nessuna delle due?
Richard Price, Edmund Burke Vi chiama "sentimentale" ed
         "effeminato"
Perché Vi preoccupate per il benessere di altri.
Bene, risponderò alle sue accuse.
Disegnerò una mappa di principi, attaccando
Con logica migliore della sua.
Togliessimo il suo pensiero dagli scaffali
Potremmo eliminare la disperazione!
Richard Price, non cambiate una sola parola di pensiero.
Un acceso dibattito dimostrerà che
Uomini fatti di marmo, mattoni e pietra (cose non viventi),
Avranno idee che anch'esse non vivranno.

È luna piena in autunno

Henry, Caro,
L'alchimista mi disse, che l'oro, quando si taglia, è oro tutto fino
    in fondo.
Sto aspettando di vedere se è vero.

A casa, mentre la sera aspettavo che lasciavi tua moglie,
Diventai agitata e andai al salone vicino.
La signora accanto a me stava leggendo un mio libro.
E poi parlò della tua arte.
È il 4. martedì.
Lei ed io parlavamo della morte.

Andai con lei.
Era qualcosa che dovevo fare.
Essere lasciata ai miei pensieri è il peggior posto possibile per me
    stanotte.

Quando infine ci incontriamo, dici
"Stiamo bene"
"È meglio non parlare"
Perché non parli *veramente* con me?
Perché potrei rispondere?

Dici che ti piace al mattino guardare dalla tua finestra
Ed è per questo che te ne vai.
Che cosa fanno per te i tuoi amanti maschi?
Fanno sì che le cose non peggiorino,
Chi potrebbe biasimarti per questo.

Ogni giorno sono in confidenza con Vostro marito

"Cara Mrs. Fuseli,
Henry è l'unico che mi risveglia alla vita.
Il suo amore per me è puro
Com'è il mio per lui.
Con questa lettera richiedo l'addolcimento del Vostro cuore
Così noi tre
Possiamo godere la domesticità
Dell'amicizia senza causare il dolore
Del Vostro distacco da lui
O del suo da me. Mi verso sul Vostro cuor aperto
In cerca del beneficio
Che noi tre avremmo vivendo nella stessa casa come uno solo."

"Sì, Sig.ra. Fuseli, questa è la mia lettera."
   "Volete prendere a prestito il mio matrimonio?"
"Amiche donne hanno molto da darsi"
   "Dovrei con una donna sfasata condividere il mio salotto?"
"Non desidero sposare Vostro marito."
   "Come siete buona a voler onorare la legge inglese."
"Vi ho preso per una coppia solitaria che gradirebbe…"
   "Dare mio marito a Mary Wollstonecraft?"
"Se aveste mai bisogno…"
   "Non chiamerei una lattaia in calze grezze."
"Sono una filosofa che studia l'arte di Henry."
   "Quindi, una sciattona filosofa vuole una tazza di zucchero."
"Vedo che sono venuta nel momento sbagliato."

Il mio corpo è in fuga dai miei sentimenti

Henry, tutto il giorno le mie orecchie come in un incubo sentono
 parlare,
Annuisco, una pausa riverente, una doverosa dimostrazione di
 indifferenza
La spola dell'amore si dipana. Henry,
Alcuni mi parlano "per il mio bene"
 Voci profumate.
Guardo fisso nel vuoto   consulto le mie mani.
"Chi lo crede potrebbe essere perdonato"   (*dissi generosamente*)
Poi sfoggio fasulla contentezza intorno.
Il mio sguardo si alza inospitale. Dico addio.
La cosa più estenuante nella vita per una donna
È ottenere ciò che necessita e tenerselo stretto, Henry.
Frugo nella mia memoria per fidarmi di te, dei discorsi di tua
 moglie.
Questa casa ha qualcosa da dirmi
Vado di stanza in stanza. Qui da qualche parte
Si è imposta una verità
Che non posso conoscere solo io.

Appunti di diario IV

Nel salone mi prendesti preziosa aria per respirare
Cercai, amici miei perversi e cari,
Di toccare la tua spalla con la mia
Ma non c'era.
Dovrei andare a casa ed essere un uccello seduto sul nido?
Con le sue ali aperte, piuttosto?

~

Nel momento che inizi una frase, guidi un lettore
La tua danza per rivelare il mondo

~

La bambina che passa tutto il suo tempo cercando
Di non essere umiliata
Crescerà ad essere una donna
Che cerca di tenersi stretta la sua dignità

~

NOTA: *Pensieri da sviluppare per dei nuovi saggi. M.W.*

~

La storia di Dante è lo stato delle anime dopo la morte
Perché dovrebbero tornare a questo mondo se non per
  raccontare ciò che ne sanno
Perché: Un calderone di fuoco? O che sentiremo musica dopo
  la fine?

Quanto mi irriti, Gilbert

*"In piazza, Mary,
Ho sentito parlare di te stasera."*

                        "Con passione?"

*"Con disprezzo. Anche le donne
ti sono contro, Mary."*

                        "Eppure, hanno bisogno di me."

*"Se hanno bisogno di più guai a casa
allora hanno bisogno di te."*

                        "Sono la sola donna libera
                        in Inghilterra."

*"Cos'è questa tua ossessione, Mary.
Quando metti in piazza le tue idee
perdi il tuo Io interiore.
Vuoi che questo succeda?
Una donna non dovrebbe cedere la sua anima alla carta."*

                        "Io do forma al libro e
                        lui da forma a me, Gilbert,
                        non ho altra scelta."

*"Quindi scrivi per dirci chi sei?
E come le donne devono essere?"*

                        "Non devi giudicare il mio
                        linguaggio."

*"Che parole altisonanti.
Altre donne sanno meglio
di te, come essere."*

                        "C'è un altro modo di essere
                        ed è ciò che cerco di dire.

                              Lo scrivere fa appello al mio
                              cuore che si spezza ogni giorno,
                              mio caro Gilbert. Come altre
                              donne si esprimono, è affar loro."

"Come per Dio
Ci siamo trovati insieme."

                              "Tu avevi la carrozza, Gilbert.
                              Dovevo guardarci dentro."

"Manchi di umiltà, Mary,
si vede bene nella tua lettera a Liza."

                              "Lo ammetto."

"Dicevi, che hai mandato via Gilbert Imlay,
anche se lui è una 'bella piuma nel tuo cappello'."

                              "Però parlavo
                              Di mettere il tuo nome sul mio
                              libro!"

"Nostro libro,
se non c'è cappello,
non c'è piuma.
Ricordatelo sempre, Mary."

Udito per caso

Un tono maligno,
"La Signora famosa dice
Nel suo libro come comportarci..."

Non riuscivo a sentire altro
Così mi avvicinai di più
Al mormorio,

Finché la donna non si raddrizzò.
Allora capii che stava parlando di me!
Mary Wollstonecraft,
In mano il mio libro

"Vindication..."
Che agitò davanti al suo compagno.
Diventai tutta rossa.

Fosse stato un uomo a parlare
Non sarei andata in pezzi,
Ma adesso temo che il mio sogno

Sia inabitabile.
Tutte le donne sono in pericolo
Finché non cogliamo noi stesse

Il ramo dall'albero.
Tuttavia, un'estranea mi condannò
In un posto pubblico

Perché non riservarmi
La cortesia che si dà ad autori maschi e dire
'è discutibile'...

La sua furia assale il mio corpo
Disse che avrei reso la sua ricerca
Per la sopravvivenza impossibile!

Perché so leggere e scrivere?
Questo mi dà una mente maschile?
Oppure solo una mente?

Baccalà morto al sole

Gilbert, ancora e ancora, Gilbert
Ancora e ancora. Mi lasci per la fantasia.
Ogni donna è un'idea che ti fa rinvenire.
Quando siamo a cena, guardi sopra le mie spalle. Quando
Facciamo acquisti ti complimenti per
Il collier della commessa, facendo finta
Che starebbe bene a me.
Quando balli con un'altra
Parli della mia brillantezza, del mio genio, Gilbert,
Continui a parlare di me
Così la tua partner non può allontanarsi, e dopo
Lei dirà: *"Egli ama Mary così tanto,*
Non ha fatto altro che parlare di lei mentre mi stringeva
A sé. Egli deve amarla
Molto, poiché si sporse verso di me molte volte
A dire il suo nome".
Io, una donna di parole, mi congelo quando provo a dirti questo
    ad alta voce.

Liza viene in visita oggi

Amo mia sorella
Ma vorrei che lasciasse il passato
Dietro la porta d'ingresso
Perché appena entra dà vita ai
Ricordi della collera di nostro padre,
Ai racconti di nostra madre morente,
Lei ricorda me sdraiata tra
I pianerottoli vicino alla loro porta.
Mia madre un carico… un vaso sottile trasportato da stanza
    a stanza…
Luce attraverso petali rosa… verdi foglie … vene blu…
Trasparente nel vetro… la mia cintura di seta dal nodo lento…
    il mio bebè
Era fragile… trasportato da stanza a stanza… luce attraverso vetro
La visita di Liza sarà alquanto breve poiché
Sto seguendo delle regole nuove
Che trovo ragionevoli.
Deve ora presentare i nostri genitori come attori
Come se noi fossimo dietro le quinte.
Ma il pubblico sta invecchiando, dirà –
Ed io risponderò semplicemente… Brutti sogni
Fanno un cuore buono, ed era tutto un brutto sogno.

Appunti di diario V

Pensieri immaginari seguono il mio buon parlare.
Essi tormentano le mie buone storie.
Devo perdonare il bene dentro di me.
Contro queste paure interne.

Sono indegna del mio passato

No, dovrei dire il mio passato
Mi rende indegna,
Ostacola la mia luce

Quando sto male, mi alzo
Prima, lavoro di più, bramo
La vita dietro i miei occhi.

In Irlanda mi sveglierei
Con la sialia
Che teme per i piccoli.
Sento ancora il canto,
Cristallo che si rompe
In piccoli pezzi in
Una coppa dalla quale
Piccoli uccelli sorseggiavano.

Dio degli uccelli,
Mi hanno reso incauta.
E se Mary non avesse sentito
L'angelo dell'annunciazione?
Dio dei bimbi abbandonati,
Prega per me perché
Guarirò non per la mia saggezza
Ma perché il Tuo universo è saggio.

Sogno di una notte di mezza estate

Mr. Johnson, faccio aspettare il Vostro fattorino.

Scrivo una pagina
Me la strappa di mano
Corre giù la strada
La consegna
Quindi la stampate per pubblicazione.

Non posso scrivere in fretta (posso sognare in fretta?)

Una bacchetta magica ha tagliato la punta del mio cranio,
    svuotandolo
Della rivoluzione francese

Lo ha riempito di fate e amanti, invece

Shakespeare mi sopraffà, il suo libro in mano mia,
Colonne di nuvole, colonne di fuoco balzano da ogni foglio

Mr. Johnson, il Vostro ragazzo è impaziente
Come lo erano gli attori di Shakespeare
Che aspettavano fuori per ogni pagina scritta
Ma l'arte di leggere è lenta e paziente, e
La ghigliottina francese continua a fare il suo suono secco
Se la scorgo o no

Incantata sogno Atene, non conforme a questo mondo
Con segni e meraviglie come la luce dell'alba
Prestate orecchio, un autore come Shakespeare
Esalta il Signore

Mr. Johnson, lo specchio che scrivo, consacra anch'esso il mondo

E che io possa ancora, solo per un altro po', sognare esaltata,
Mentre aspetto che bussi di nuovo.

Al mio amico William Blake

La poesia è migliore
Quando non pensiamo
Di chiamarla tale.
C'è solo una poesia,
Scritta e riscritta,
È il linguaggio che passa
Attraverso il cuore.
I poeti ci danno
Il coraggio
Dell'amore romantico,
Così ben espresso
Che deve essere vero,
Ma cos'è questa reliquia
Scarabocchiata sulla pagina,
Nient'altro che un viaggio
Della vita attraverso opposti.
Scrivo, che le madri dovrebbero
Occuparsi dei loro bambini,
Poi abbandono i miei.
La musica nella mia vita
Rincorre un amore che non posso avere,
La poesia è qualcosa da amare
Dopo che sono fuggita via.

Appunti di diario VI

Stasera c'è una lunghezza di suono
Più alta dell'ombra della morte, la quale
Apparve nella mia stanza come figura con molti arti.
Mi sveglio, cantando per pietà.
Per fortuna apro gli occhi prima d'arrendermi,
Dormirò con un coltello sotto il letto.

Ti ho dato il mio lavoro, Gilbert

Pubblicarono *The Emigrants*.
Qualcuno pensava che fosse tuo.
Questo ho dato. Ho dato.
La nostra bambina, Fanny, ho dato. Ho
Permesso di essere Mary Imlay. Ho dato via
Il mio nome senza sposarmi.

Mi chiedesti perché studiavo botanica.
Fu a causa della mia visita a Eton.
Stavano discutendo
Il bisogno dei gentiluomini
Di conoscere argomenti tali come
La teoria delle balene.

Fu così. Te ne sei andato.
Non ti piaceva il mio modo di camminare.
"Troppo determinato". Odiavi come
Dondolavo le braccia, "tese", dicevi.
Oh, ti avrei acquistato, Gilbert,
Con più che un libro e un bebè,
Se avessi potuto. Ti avrei rinchiuso
Nel mio cuore
Per sempre. Dicevi che parlavo troppo.
Sapevi,
Che le balene si muovono più con l'udito che con la vista?
O non mi è permesso di dire ciò che non sai?

In Svezia

Sono diretta in città per lottare con gli uomini, le loro facce come
    fiordi,
Salgo la scala della terra verso il sole freddo dove neanche i
    bambini giocherebbero.
Poiché sono l'Agente Recupero Crediti per Imlay, potete
Incorniciare questa cambiale inglese. Se non potete pagare il debito,
Scriverò un romanzo, come dicono gli
    Irlandesi, *Se mi scavalchi, scriverò una satira.*

Il villaggio possiede una fotografia di una cappella, una croce, un
    pavimento freddo, neanche un tappeto.

Giù nel caffè il musicista soffia fumo, blu
Sulle case con pietre come petali, fantasie di favole russe,
Recinti radicati,
    Il linguaggio dannatamente tagliente e ricco di sentimenti
Mi tiene a distanza,
    Suoni che non mi vogliono bene.

Gli Emigrati

Montagna   uccello   eclissi   mare   pioggia
La strada è una cometa
Il viaggio un album di
                      farfalle   pesci

Se dormo e sorseggio nell'angolo
Su un tappeto su una sedia della morte
I miei occhi non vedranno mai oltre
La luce di questa lampada.

Laudano mi annebbia la vista
Intorpidisce la mia mano

Cosa pensavo fosse la Scandinavia

Eschimesi?   Un ambiente erboso?   Un party?
              Arte in un tempio?
O qualcosa che muore di passione.

Questa storia costante che porto avanti, linguaggio
Dell'upupa, leggendario uccello che
Cantò una profezia di melanconia. E di nuovo cantò.

Verso la Francia

Il mio corpo trattiene i ricordi
Di viaggi, alcuni di piacere,
      una luna con il suo velo di
Nuvole sopra un laghetto, scintillante
Il battito di un'anatra,
Poi la mattina rossa rossa di sole splendente su fiori e malerbe.
Tutti i registri in ordine e rendicontati,
Mi giro per tornare a casa,
Grilli d'estate, cibo vicino al fuoco
      un fiume che conosco; il porto
Trattengo un minuto il respiro
Prima di vederlo.

Scrittori veri non scriverebbero mai in pubblico, così
Mi nascondo per avere una voce che può sentire

(Lui dice che ho la mente migliore e il corpo più triste,
È come se qualche brillante oca avesse trovato la sua strada
E fosse entrata dondolando.)

Ritorno alla casa

Leoni, spiriti, gazzelle aspettavo,
Ma non questo,

Non di trovare la sua gonna
Una ciocca dei suoi capelli
L'aria malvagia solida come mattoni

Io pensavo, un bacio di settembre a casa
Una canzone da ascoltare, un mandolino

Non questo guanto sul comodino che rivela di aver già tenuto
In mano tutto il mondo del piacere,

…Quaglia, lepre, a base di cigno pasteggiarono,
Lasciando una tovaglia vuota per ringraziamento.

Ho preso il tuo nome e ho avuto il tuo bambino

Da quando te ne sei andato, ho lasciato entrambi dietro di me,
Oggi sono ritornata nella mia stanza.
Sei andato, ma ancora sei con me, questo mi confonde tanto.
Camminavo senza meta tutto il giorno, oltre le case con le porte
        dritte.
Chiesi ad un uomo che persone vi abitavano.
Tutto ciò che mi seppe dire era il nome della strada.
Io sola penso alla nostra vita,
È un serpente, arrotolato e letale che si avvolge dentro.

Stasera il mio silenzio risuona con tutto il dolore di cose perse,
Ma perse per una sola persona, non riconosco il tappeto,
Le mie spalle sono disorientate, la mia lingua è un'ala sfregiata,
Tua figlia acchiappa fiocchi di neve che si sciolgono in giardino,
Simboli della nostra unione.
Le api sono congelate sul muro.
Qual è il nome di questa lancia che chiami la tua nuova donna?

Questo è tutto ciò che non volevo sentire

Volevo riposare dal correre, dal chiedere amore,
Labbra dal sapore amaro, labbra perse,
Rompere i denti nella mia bocca.

Volevo, prima che sorgesse il sole,
Pregare: Ti ringrazio per
Il giorno, per la Natura con i suoi dolci doni.

Volevo un crescendo di donne
Che dicevano: c'è abbastanza per tutti…
Cammineremo attraverso il buio di questa casa.
Parole filtreranno dai muri. Siamo capaci.
C'è una luce sulla collina che possiamo attraversare.

Le donne di ogni luogo sono sofferenti.

Predicherei una ballata dal tetto,
Canterei alle sirene e ai bambini,
Andrei a braccetto con studiosi,
Lascerei tracce sulla neve,
Scriverei le erbacce della nostra storia,
Metterei insieme i nostri pezzi. Questo è ciò che volevo.

Perché questa folla che si raduna contro di me,
Questo sole che tramonta nel suo cielo, mi invia
Una tela insanguinata come lettera d'amore.

Anche la morte non mi vuole

Tre settimane a letto,
Neanche il suicidio mi riesce
A quanto pare.
Caro Diario, sei
Tutto ciò che ho. Liza ed Everina
Soffrono per il mio gesto,
Una morte mal riuscita.
Mi lascia questa vita
Fredda come l'acqua.
Ricordo come venni sollevata.
Chiusi i miei occhi e
Sentii il dolce trascinare,
Un turbinio di sollievo e poi il rumore,
Le luci, il clamore, i freddi
Ciottoli
Gente in cerchio che guarda giù.
Il chiarore delle lanterne,
Una ruvida coperta,
Una voce risuona nell'orecchio,
"Non è buffo? Erano proprio le sottane
A salvarla, gonfiandosi intorno al suo culo."
E poi una donna,
"Ora ci penserà due volte a portare i pantaloni."

Fingerò di essere un'altra

Fanny Blood mi fa sorridere.
Le dissi che volevo spingere
Il mio corpo in qualche caverna
Per diventare parte della pietra.
Lei suggerì diversamente:
Che io spingessi Gilbert Imlay
Davanti ad una carrozza in corsa –
Lasciar Dio decidere se farlo vivere o morire,
Io avrei dato solo la spinta!
Mi strofina e pulisce come una gatta sporca,
Mi veste con abiti eleganti.
Quando Fanny se n'è andata
È tornata a ronzare quella brutta canzone –
Odiamo così tanto questa donna maschile,
Bruciamo il suo nuovo vestito in effigie.

Grazie del tuo ultimo messaggio

Non m'importa che
Tu provveda per le mie necessità.
Ho altro che la povertà da temere.
Devo rifiutare
Le eventuali rimostranze fatte,
Come un insulto che non merito.
I tuoi gesti
Sono chiari ai miei occhi,
Non tenerezza, solo
Preoccupazione
Per il tuo buon nome.
In Irlanda imparai il Francese, poi
Il Tedesco per tradurre libri.
In tutte le lingue dico che le donne
Dovrebbero insegnare a se stesse a pensare.
Non voglio niente che mi leghi a te.
Penso che tu sia libero.

Appunti di diario VII

*Da molti giorni l'invisibile oscurità mi riempie la mente di
   polvere.
Così penso al ritmo delle nuvole
Che scorrono libere.
S'innalzano sopra gli accumuli di carta,
Di là dalla mia casa, dalle sue fatali seccature.
Mi libro sopra la terra, guardo
Il verde ghiaccio che chiamo il mio paese.*

Mr. Imlay

Quel che fanno i vivi, è morire, quel che fanno i solitari, è amare.
Dio prese le tue parole e le versò su vetri rotti.

I vestiti di questo mondo sono le nostre parole. Dio ci incarnò

Per poi lasciarci a noi stessi,
A vestirci

La nostra lingua è ciò che indossiamo, le storie del mondo.

Gilbert, non puoi rubare il mio mantello.

Everina

Vorrei poterti salvare dal ridurti a uno stecchino.
Dovere dovere dovere senza un desiderio che sfoci
Nella felicità.
Danza sulla musica che senti –
Pensa a un momento del tuo Io di prima,
Quando percorrevamo i prati, forse.
Racconta una storia,
Qualsiasi storia
Magari della nostra famiglia,
Quando Ned ti batté con un cucchiaio e nostro padre rise.
Dai i dettagli, Everina.
Lascia la riva alla quale sei legata.
Parla dello specifico.
Dove ti portano,
Questi tremori agonizzanti nel tuo corpo?
Vai oltre la porta.
Parla di come percorri tre miglia per portarmi carta e penna.
Fingi di essere una vedova,
O che qualcuno ti abbia scritto una lettera d'amore
Perché non provi con più decisione?

D'interesse per il mio precedente amante

Ho nascosto i miei ultimi scritti.
Dante sognò l'intera Divina Commedia.
Nel 1321, quando morì, mancavano parti del testo.
Suo figlio sognò che il *Paradiso* poteva essere trovato
In un nascondiglio segreto nel suo studio.
Era lì, custodito per tutta l'umanità.
Nel caso di umanità al femminile
Ho conservato un nuovo lavoro che mia figlia possa trovare.

Liza

Mentre dormi, ti guardo
Credevi, che per te stessi piangendo, ma piansi per me stessa
L'occhio è il lume del corpo e vidi
Che non c'era modo di prepararti
Cupido coglie l'uva in campagna e tu stavi mordendo il tuo
        anulare
L'amore è più forte della perdita
Potrai avere un'altro bebé, un giorno,
E forse odiavi Bishop, per aver sofferto meno quando ti lasciò per
        la sua sgualdrina
Non sono un dottore
Ti porto crisantemi
Lontano dal disastro

Tornando dalla tua aberrante casa con te sulla schiena
T'insegnai a stare nella tua pelle

Da' alla luce ciò che hai dentro, Liza,
Salverà, se non distrugge,
Vedremo.

William, non mi tieni minimamente in conto

        "Di questi fiori stavo notando, come il
        fiore sullo stelo è l'ultimo respiro, William."

"Capisco."

        "Come niente mai muore.
        Niente scompare, William. Mi senti?"

"Ci tengo
coinvolti nel mondo, Mary.
Vedo che i nostri vicini hanno sofferto un'orribile morte nel fuoco."

        "E quindi, adesso che sono morti,
        hanno qualcosa in comune."

*"Mi piacerebbe capire, cara Mary,
come una bella donna possa avere una lingua così tagliente."*

        "Ti sembra l'unica cosa tagliente di me?"

"Cerco con tutte le mie forze di comprendere la tua mente, davvero."

        "Gli uomini sentono suoni senza poter immaginare
        come la mente li formula.
        Anche tu, caro William, anche tu."

"Appoggio, però, il tuo lavoro, non ti sembra, Mary?"

        "I miei libri, alla pari di quelli del Sig. Rousseau,
        sono tanto un'opera d'arte quanto i suoi."

"La chiami arte? Non vedo nessuna pittura qui."

        "Me ne vado, William."

"Niente scompare per sempre, Mary. Tu me l'hai insegnato."

Un biglietto sul tavolo a colazione

Dici, che mi ricordo tutto ciò che vedo e leggo.
Le cince hanno un'acuta memoria
Visto il loro elevato bisogno di semi,
Devono ricordare
Dove li hanno conservati
La sera prima,
Oppure moriranno.

Con amore,

Mary

Sorelle e Newington Green, accettate le mie scuse

Si può solo immaginare cosa sentite.
Cantavamo,
"Everina e Liza e Mary",
Ci sembrava un'eredità più che umana,
Una scuola da sostenere con le nostre forze.
Tuttavia, quando incontrai William – perdonatemi, sorelle,
Vi lasciai in quella circostanza. Cercate di comprendere.
Ho costruito con voi una scuola che
Non posso sedermi ad ammirare,
Non posso fuggire dalla voluttà.
Le sensazioni, trovo, fanno il meglio che una donna può fare.
Può un filosofo fare di più?
Non so se ho detto che abitiamo in due dimore separate.
   Sono ormai sicura
Che questa è l'unione perfetta.
    Siamo su una nave verso Lisbona
Vi ho accennato che in grembo porto il suo bambino?
    Se non desiderate sentirne
Non ne parlerò più.
Ad alcuni poteva sembrare che William non avrebbe
    Superato la mente razionale.
Credo fermamente, che il dolore sia ormai in ritirata.

Ti amo, Mr. Godwin

È stato estremamente raro
Trovare il tipo di persona che scrive
Con il quale volessi vivere,
Quel tipo di persona che scrive
Sconsigliato da amare, tuttavia,
Eccomi nella tua dimora,
Sono la Mary delle preghiere esaudite,
Sono la Mary per la quale l'occhio della mente
Non poté fermare il battito del mio cuore.
Non volevo mentire spaventata per sempre,
Volevo lucidare i miei stivali
E pettinarne le nappe
Prima di indossarli per morire.
Il mondo ha dimenticato
Che i pensieri delle donne meritano ascolto,
E così i pensieri che avevano,
Dimenticarono di essere sentiti!
Fino a stasera,
William, William, William Godwin,
Ti bacio sulla punta del tuo grande naso,

Questo incontro che abbiamo, come lo vogliamo chiamare?
Un sogno che abbiamo insieme?

Dei nostri piani di matrimonio

      "Un po' rallentati, penserei,
        fin quando le nostre questioni d'integrità morale
        saranno regolate."

"Logica e ragione prevarranno, Mary."

      "Poco attinente per un uomo
        e una donna che giacciono abbracciati."

"Sto parlando della mente razionale, Mary."

      "Mi cerchi quindi per la mia mente,
        o sono le mie storie?"

"Non conosco la risposta."

      "Potresti a quel punto sposare
        anche un uomo?"

"Mary! Devi costantemente tormentare."

      "Parliamo di integrità
        e imbarazzante situazione morale."

"Il tuo sesso è naufragato per amore."

      "Se un razionalista mostrasse il suo cuore,
        gli dedicherei la mia vita tutta."

*"Allora da' a questo razionalista metà della tua vita,
Mary, e fallo respirare un po'."*

Appunti di diario VIII

Città e navi svaniscono, sostituiti dal mio fedele diario.
Contiene vera collera (può la collera non essere vera?),
Le conseguenze dell'orgoglio,
I rapidi affetti che si succedono, le mie scure apprensioni.
Le strade del tormento scompaiono quando scrivo.
Foglie di umiliazione fioriscono, da strette ruvide gemme
Mutano a riempire vasti spazi.

William

Sono qui, arresa, con seni
Che altro non chiedono
Che il tuo piacere.

Mai sono stata così felice.
Mi sento in dovere di dirti come
Ameremo questo bambino, tanto,

Quanto il mio corpo fu ingrato per l'ultimo partorito.
Il cuore riferisce ciò che la mente sa.
E quando il tuo polso riposa incrociato al mio

Non m'importa dell'Educazione.
Prima di sposarci dicevi
Che piuttosto avresti ascoltato

Parlare Thomas Paine e non me.
Era come ricevere un colpo nei denti.
Preferivi altri amici a me,

E così è, ma una donna può partorire un bambino da amare,
Tua figlia, forse.

La chiamano febbre delle puerpere

Rossa è la mia pelle   Cosa mi preoccupa e perché mi lamento
Non è che la piccola Mary *farà a meno*

È che   ho paura di andare   dove
             Non avrò niente da pensare

Ho dimenticato come scrivere il mio nome
Oh corpo senza mente   La camera sanguina

Cerco di elencare oggetti d'amore come una volta feci per
      rimanere in vita
C'è rosso ovunque.

Se c'è rifugio in una storia allora racconterò
             Di questa sciarpa al mio collo

Il giorno che incontrai William
Parlai con passione
Del Re di Francia
       E lui non rispose,
                   Invece toccò la mia sciarpa.

Scalda-anime, la chiamò.
Non riesco a respirare   Dicono che non porto niente al collo
             Eppure c'è. È rossa.

La giraffa ama fiori

Reverendo Clare, stasera penso
A come mi avete insegnato a leggere.
Un dolce codice infranto
Geroglifici
Si arricciano sulla pagina
Curvandosi in su
Lettere in forma di
Petali ascendono nell'aria
Come sanno quando fiorire?
        Giraffa
Mi chiedeste di usare parti di questa parola per farne altre
I miei gomiti sul legno solcato, una lavagna consumata dall'uso
Formulai
        Ama fiori
Indicaste (ricordo quel dito sottile) la "m", chiedendomi
Dove l'avessi trovata
E mi ammoniste (le mie guance arrossirono)
Per la "o" che scrissi anche
Erano queste lettere celate in quella parola maestosa?
        Giraffa
No, Reverendo, ma Vi ringrazio di avermi presa per mano
Seduto con me ad ogni imbrunire dopo aver finito le mie faccende,
I bollitori lucidati, il pane fatto, per terra spazzato

Reverendo Clare, Vi rispetto per avermi fatto vedere che
Scrivere era la prossima cosa subito dopo il pensare!
Vi incontrerò nel cielo
Quando lascerò questa terra
E porterò la mia tavoletta
Con 4 parole, 4 chiavi della porta che aprii spingendo
Con tutte le mie forze
E che adesso chiudo contro la luce
        La giraffa ama fiori.

I temperamenti

Lunga è la manica marrone della morte
Sul mio camice
Dormo all'interno
Del lento tragitto marrone

Il ragno aspetta
Un soffio di vento
Per aggrapparsi
All'altro lato

Iniziare il suo nido
Catturare le piccole cose
Che ci cadono
Per nutrire i suoi piccoli

Il marrone scorre
Nella seta da una parte all'altra
Il ragno attraversa
Come fa?

Per William Godwin

Vorrei cucinare con il succo di bacche finché
I nostri vestiti saranno rossi,
Arrostire un agnello sul fuoco,
Tagliare carne per le nostre borse vuote,
Salire sull'albero giallo con le gonne alzate,
Sedermi sopra Londra cantando il mio William a tutta voce.
Le candele saranno accese sempre in tutte le stanze per tutta
       l'estate,
Imparerò a cucire,
Camminerò all'indietro fino a che torni a casa,
Porterò i tuoi reggicalze, luciderò le tue chiavi, piegherò
Le tue carte perché tutto il mondo possa vedere.
E anche i davanzali,
Ci starò appollaiata in movimento, con la pioggia nei capelli e il
       sapore
Del sidro, così vera
Come il buio che attraverserai.

BIOGRAFIE

Le poesie di Grace Cavalieri su Mary Wollstonecraft, *What I Would Do For Love*, hanno ricevuto il "Premio Paterson per Eccellenza nella Letteratura". Successivamente ha adattato questo libro in un opera teatrale intitolata "Iena in Sottoveste", presentato a New York e Durango, Colorado. Le sue ultime due pubblicazioni di poesia sono *Sounds Like Something I Would Say* e *Anna Nicole: Poesie*. Grace ha fondato e produce ancora "The Poet and the Poem" (Il Poeta e la Poesia) su radio pubblica, che nel 2012 celebra 35 anni in onda. La serie viene registrata presso la *Library of Congress* per le stazioni radio pubbliche. Fra le altre onorificenze, Grace detiene il Premio di Poesia di Allen Ginsberg e il Premio Bordighera di Poesia.

Di origine tedesca, Sabine Pascarelli vive e lavora in Italia come poetessa e traduttrice. Esordisce come scrittrice nel 1998 con *Glenscheck und Floh*, un libro per bambini edito da KIDEMUS in Germania. Continua a scrivere storie per bambini che hanno vinto il Premio di Letteratura Internazionale, La Spezia, e il Premio Letterario a Prato. È presente in varie raccolte poetiche italiane, inglesi e online. Tra i volumi di poesia che ha tradotto, figura *The Alchemy of Grief* di Emily Ferrara, pubblicato da Bordighera Press, New York, e vincitore del Bordighera Poetry Award 2007. Con Grace Cavalieri è co-editrice e traduttrice in italiano e tedesco di due edizioni del *The Poet's Cookbook*, pubblicati nel 2009 e 2010.

www.ingramcontent.com/pod-product-compliance
Lightning Source LLC
Chambersburg PA
CBHW031207090426
42736CB00009B/819